PROPOSITION D'UN PROJET DE LOI

AVEC

EXPOSÉ DE MOTIFS SUR LES

EMPRUNTS D'ÉTATS ÉTRANGERS

EN FRANCE

EXAMEN DES QUESTIONS SUIVANTES :

1º Le Projet de Décret du Ministère des Finances. — 2º Les responsabilités du Syndicat des agents de change. — 3º L'admission et la radiation de la Cote officielle. — 4º Les garanties d'exécution des Emprunts d'États Étrangers. — 5º La compétence des Tribunaux Français.

par Henri BECKER

AVOCAT AU BARREAU DE PARIS

PRIX : 1 Fr.

PARIS

PEDONE LAURIEL, LIBRAIRE	SAINT-JORRE, LIBRAIRE
A PARIS	A PARIS
13, Rue Soufflot, 13.	91, rue Richelieu, 91.

1880

PROPOSITION D'UN PROJET DE LOI

AVEC

EXPOSÉ DE MOTIFS SUR LES

EMPRUNTS D'ÉTATS ÉTRANGERS

EN FRANCE

EXAMEN DES QUESTIONS SUIVANTES :

1º Le Projet de Décret du Ministère des Finances. — 2º Les responsabilités du Syndicat des agents de change. — 3º L'admission et la radiation de la Cote officielle. — 4º Les garanties d'exécution des Emprunts d'États Étrangers. — 5º La compétence des Tribunaux Français.

par Henri BECKER

AVOCAT AU BARREAU DE PARIS

PRIX : **1** Fr.

PARIS

PEDONE LAURIEL, LIBRAIRE	SAINT-JORRE, LIBRAIRE
A PARIS	A PARIS
13, Rue Soufflot, 13.	91, rue Richelieu, 91.

1880

EXPOSÉ DES MOTIFS

Dans une Etude de Droit International publiée en 1874 et dont le titre était : *Emprunts d'Etats étrangers en France. — Tribunaux compétents. — Emprunt Portugais de 1832* (1), nous avons des premiers signalé les dangers qu'il y avait pour les intérêts nationaux à laisser les Cours et Tribunaux français persister dans cette jurisprudence d'un désintéressement évidemment abusif, qui consiste à se déclarer *incompétents*, quand les Porteurs français lassés par l'impuissance ou le mauvais vouloir des Etats étrangers emprunteurs à remplir leurs engagements, viennent saisir la justice française de leurs réclamations.

« C'est surtout, disions-nous, page 115, pour engager
« nos Cours et Tribunaux à revoir de plus près une juris-
« prudence qui nous paraît destructive des intérêts na-
« tionaux. Il est temps, d'ailleurs, de songer à l'effroyable
« gaspillage qui s'est fait de la fortune publique en France
« depuis bientôt vingt-cinq ans, et aux nombreux mil-
« liards qui sont sortis du pays pour entrer dans les caisses
« de souverains prodigues ou insolvables. Ce que nous ne
« comprenons pas, c'est que notre pays prête sans cesse
« son argent, ses épargnes, sans espoir de retour, et que
« la justice française refuse même à ses nationaux les

_____

1. Chez Pedone Lauriel, libraire-éditeur à Paris, rue Soufflot, n° 13.

« moyens de le reprendre quand l'occasion s'en présente
« dans notre pays. Le marché français n'est pas le Pac-
« tole qui puisse toujours couler sans tarir. La France
« a besoin de son argent, de son or, pour achever les
« grandes entreprises nationales et encourager les entre-
« prises utiles...... Il est donc temps de lancer le *Caveant*
« *Consules* et de rendre sérieusement responsables les
« Etats étrangers auxquels leurs souverains font con-
« tracter des Emprunts sur notre marché. »

A cette étude était jointe une série de consultations
émanées de publicistes et de juristes éminents dont nous
détachons quelques passages.

M. *Ed. Laboulaye*, membre de l'Institut, professeur au
Collège de France, disait :

« A mon avis, il n'y a aucun moyen de contrainte et
« les tribunaux français ne sont nullement compétents...
« C'est à l'opinion qu'il faut vous adresser et non pas aux
« tribunaux. *La sanction*, c'est de faire exclure du Marché
« Français tout Emprunt Portugais, c'est la seule que
« connaissent les Anglais, mais c'est la bonne.

M. *Ch. Vergé*, membre de l'Institut, reconnaissant la
compétence des tribunaux français dans la question des
Emprunts émis sur notre marché, ajoutait cette conclusion en se fondant sur l'article 14 du Code civil.

« A une époque où les gouvernements usent et abusent
« des emprunts publics qu'ils émettent sur les différentes
« places de l'Europe et souvent n'accomplissent pas leurs
« engagements, il est nécessaire, pour la moralité de ces
« opérations et le maintien du crédit public, que les tri-
« bunaux, c'est-à-dire la justice de chaque Etat,
« rappellent solennellement les grands et les petits au
« respect des conventions qui sont la loi morale et civile
« des parties, quels que soient le rang et la position
« qu'elles occupent dans la société ou dans le monde.

M. *Vavasseur*, avocat au barreau de Paris, répondait aux objections soulevées en faveur de l'incompétence, et de la non application de l'article 14 du Code civil, que cet article s'applique aux personnes morales aussi bien que physiques, aux sociétés, aux entités juridiques, et « *dès lors pourquoi pas aux Etats ?* »

M. *Bozérian*, sénateur, dit :

« Je n'hésite pas davantage à reconnaître la compétence
« des tribunaux français pour statuer sur les réclamations
« des obligataires, et prononcer contre l'Etat Portugais
« les condamnations qui, suivant nous, doivent l'atteindre.
« Cette compétence résulte de l'article 14 du Code
« civil... »

Comme on le voit, cette question des Emprunts en souffrance pouvait être considérée, à cette époque, comme une véritable actualité. Je la portais également devant le *Congrès de l'Association* pour *la Réforme du Droit des gens qui se tenait à La Haye (Hollande),* en septembre 1875, où je lus un mémoire dont la conclusion était de faire nommer des *Commissions mixtes de liquidation* aux Etats qui ne payaient pas leurs Emprunts. Ce système a été mis en pratique pour les Etats de Tunis et de l'Egypte.

D'un autre côté la Chambre des Communes en Angleterre émue par les scandales qu'avaient provoqués les Emprunts de 1867, 1869, 1870 et 1872 de l'Etat du Honduras, l'emprunt de Saint-Domingue de 1869, les Emprunts de Costa-Rica de 1871 et 1872, les Emprunts du Paraguay de 1871 et 1872 avait nommé une Commission d'enquête pour proposer un remède à cet état de choses. Ce rapport déposé le 29 juillet 1875, après avoir énuméré diverses mesures à prendre pour mettre fin à ces abus, telles que, les moyens d'assurer cinq années d'intérêts, l'obligation d'insérer dans les prospectus lancés au moment des souscriptions, des états exacts de la situation

financière de l'Etat emprunteur, etc, arrivait à cette conclusion aussi dépourvue de sanction que peu consolante :

« Enfin, la Commission a été d'avis que le meilleur
« remède contre le retour de pareils maux, consistait non
« pas tant dans des mesures législatives que dans des
« mesures destinées à éclairer le public exactement sur
« les situations. Mais la Commission exprime l'espoir que
« la publication du rapport rendra les Prêteurs plus cir-
« conspects à l'avenir, et mettra un frein aux actes peu
« scrupuleux des négociateurs d'emprunts étrangers. »

Il n'est pas à notre connaissance que le Parlement Anglais ait depuis adopté les mesures peu pratiques que re-
commandait sa Commission en 1875, et jusqu'à ce jour
encore la maxime du *Caveat emptor* continue à prévaloir
aussi bien en Angleterre qu'en France. (1)

C'est en raison des immenses dangers que cette
maxime égoïste peut offrir pour l'épargne française, que
l'honorable M. *Pascal Duprat*, député à la Chambre de
1877, avait présenté un projet de résolution dont le but
était de faire nommer une commission d'enquête sur les
emprunts d'Etats étrangers en France. Les discussions
auxquelles a donné lieu ce projet dans la séance du 23 jan-

1 Nous ne trouvons à mentionner parmi les travaux du Parlement Anglais
en 1878 que la motion de sir Henry James, relative aux règlements de la
Bourse (*Stock exchange*) de Londres. Le *stock exchange* est une corporation
libre, composée des banquiers et courtiers qui font la vente des valeurs et
des papiers de commerce ; elle se gouverne elle-même par des règlements
anciens. Dans la séance du 20 mars 1877, l'honorable député présenta une
motion d'enquête pour savoir quelle était la sécurité qu'offrait cette organisation aux tiers, et quelles étaient les garanties qu'elle présentait pour la
loyauté des transactions Les révélations consignées dans le rapport sur les
emprunts étrangers, et le résultat négatif de l'enquête avaient attiré sur cette
motion l'attention publique. Le gouvernement s'est rallié avec répugnance à
cette proposition, mais la Chambre a décidé qu'il serait procédé à la nomi-
nation d'une commission d'enquête. (Rapport de M. Lebel).

(Extrait de l'annuaire de 1878 de Législation comparée, pages 6 et 7).

Voir également le rapport de M. Lebel, dans le Bulletin de Législation
comparée. 1879 p. 99.

vier 1877 (V. *Officiel* du 24), témoignent de l'intérêt que la Chambre des députés attachait alors à la question. En effet, malgré les objections persistantes de l'honorable député, M. *Ed. Lockroy*, qui prétendait que le projet de loi n'avait rien de pratique, la Chambre des députés entraînée par les arguments décisifs de l'honorable rapporteur, M. *Dréo*, a adopté la résolution suivante :

« Il sera nommé dans les bureaux une Commission de
« 22 membres chargée de faire une enquête sur les Em-
« prunts d'Etats étrangers négociés en France depuis le
« commencement de l'Empire, sur les pertes que ces
« emprunts ont fait subir aux Capitaux Français, et sur
« les mesures qui pourraient être prises pour sauvegarder
« l'épargne nationale, sans porter atteinte à la liberté du
« marché. »

Depuis le vote de cette importante résolution, l'on sait que rien n'a été fait. Les incidents politiques du *pseudo coup d'Etat* de 1877, en dissolvant le Parlement, n'ont pas permis à la Commission d'enquête d'accomplir son œuvre, dont le résultat eût fait connaître bien des scandales financiers. D'un autre côté les occupations du Parlement en 1878, année de notre exposition universelle, et les appréhensions de guerre européenne en 1879 ont laissé dormir paisiblement dans les cartons la résolution votée en 1877.

C'est alors que les Etats étrangers, profitant de ce silence qui s'était fait sur la question, sont venus de rechef mettre à contribution l'épargne française en se faufilant au milieu de cette mêlée fantastique d'emprunts, de créations de banques, de sociétés industrielles, d'émissions colossales d'actions et d'obligations qui se sont abattus comme une avalanche sur le marché de Paris pendant la campagne de 1879.

Mieux que cela encore, les États étrangers enhardis

par divers essais et par l'oubli qui s'était fait sur les mesures législatives que l'on projetait, entreprennent aujourd'hui de malmener les Porteurs de leurs Emprunts, quand ces derniers lassés par les refus ou l'insolvabilité des emprunteurs s'avisent d'annoncer au public, au moment d'un nouvel emprunt émis sur le marché, qu'ils en ont laissé un autre *en souffrance*. C'est par des procès qu'ils agissent contre leurs créanciers ; non par des *procès civils* dans lesquels les Porteurs auraient au moins la liberté de se défendre en discutant et en prouvant avec l'avantage de la publicité des débats, mais par des procès en diffamation et offenses basés sur cette législation traîtresse de 1819 à 1852 qui ne permet ni *la discussion*, ni *la preuve*, ni *le compte rendu des débats*. En procédant ainsi, il est évident qu'on ne se propose pas d'éclairer le public, mais simplement de faire taire des réclamations embarrassantes.

Un procès de ce genre est actuellement pendant à la 10e chambre correctionnelle du Tribunal à Paris, pour le jeudi 11 décembre 1879. Le Gouvernement Portugais irrité de ce que les Porteurs de son Emprunt de 1832 ont publié que cet Emprunt est laissé en souffrance, justement au moment de l'émission d'un nouvel Emprunt que ce gouvernement lançait sur le marché de Paris dans les premiers jours d'août 1879, assigne en offense et en diffamation le Président et le Secrétaire de la Commission Syndicale des Porteurs de l'Emprunt en retard. Les détails de ce singulier procès sont contenus dans un ouvrage récemment publié sous ce titre : *Emprunt Royal de Portugal de 1832* (1). Ce procès sera une pièce de plus à apporter à la Commission du Parlement pour justifier la nécessité d'une prompte révision des lois sur la Presse.

(1) A la librairie moderne, à Paris, boulevard Montmartre, 17.

En effet, comme l'affirmait un judicieux article du journal
le Temps du 25 novembre 1879, « l'arsenal de la répression
« (en matière de presse) est si encombré, la législation
« actuelle comprend tant de délits, les textes sont si élas-
« tiques et si confus, que l'écrivain le plus mesuré, re-
« tournât-il sept fois la plume dans l'encrier, n'est jamais
« assuré de ne pas commettre une contravention. Sous
« l'empire déjà, on demandait l'alignement ; une boussole
« aujourd'hui serait presque aussi nécessaire. Nous vi-
« vons sous un ensemble de lois qui ont survécu à tous les
« régimes ; il en est qui datent de la Restauration, d'au-
« tres de la monarchie de Juillet, d'autres encore de la
« deuxième République, d'autres enfin de l'Empire (l'au-
« teur aurait pu ajouter d'autres de la troisième Répu-
« blique). Le tout forme une forêt vierge où les haies
« s'entrecroisent, peuplées de fourrés malsains et d'ani-
« maux venimeux : « *Donnez-moi deux lignes d'un écrivain*
« *et je le ferai pendre* » disait-on autrefois. On pourrait
« modifier le mot et avancer sans crainte de se tromper
« que deux lignes prises au hasard pourraient à l'occa-
« sion fournir matière à un délit. »

Mais revenons à notre sujet des Emprunts d'États
Étrangers, et aux objections que des *Conseilleurs* charita-
bles ne manquent jamais d'adresser aux victimes des Emprunts *en retard* de paiement. « Pourquoi vous plaindre en
« France ? Que ne vous adressez-vous aux Gouvernements
« Étrangers et aux Tribunaux de ces gouvernements ? »
A ces donneurs de conseils, nous répondrons que c'est
impraticable ; il suffirait pour s'en convaincre de parcourir
dans le livre cité plus haut, *l'Odyssée* lamentable des réclamations des Porteurs de cet Emprunt Portugais de 1832,
et si cela ne suffisait pas, de porter les yeux sur la
citation suivante :

Dans la séance du 28 mai 1878 de la chambre des députés, l'honorable M. *Bouchet* adresse une question à notre ministre des affaires étrangères sur la situation de nos nationaux de Vénézuéla.

« Le gouvernement de Caracas est débiteur envers un
« certain nombre de nos nationaux de sommes arrêtées
« par un état datant de 1864. Ces créances devaient être
« payées sur le produit des douanes au moyen d'un pré-
« lèvement de 10 0/0, arbitrairement réduit à 6 0/0.
« Les créances de 1864 à 1868 ont vu en conséquence
« leur paiement retardé. Il existe une troisième catégorie
« de créances de 1868 jusqu'à ce jour. »

« Aux réclamations de la France, le gouvernement de
« Caracas a répondu en renvoyant les créanciers devant
« les Tribunaux.

« L'orateur cite plusieurs faits d'où il résulte que nos
« nationaux ne peuvent attendre aucune justice du gou-
« vernement de ce pays. Un des réclamants a été incar-
« céré; un autre a vu sa maison pillée et a été l'objet
« d'actes de violence; un troisième a été tué par le Direc-
« teur des Douanes. Aucun tribunal n'a donné satisfac-
« tion aux réclamations qui lui étaient adressées, notam-
« ment par la famille de cette dernière victime. »

M. le ministre des affaires étrangères répond que la peinture qui vient d'être faite est malheureusement exacte et que des instructions seront données au nouveau consul. (*Temps*, 30 mai 1878.) *Voir l'Officiel du 29 mai 1878.*

A un autre point de vue, il est incontestable que les dommages que causent les Etats insolvables à l'Epargne, sont incalculables.

Le *Journal des Etats-Unis d'Europe* du 6 juillet 1876, empruntant ses citations au *Moniteur industriel de Char-leroi*, a relevé les Emprunts d'Etats qui depuis quelques années sont tombés au rang de mauvaises créances : *Bolivie, Costa-Rica, Guatemala, Honduras, Liberia, Pa-*

raguay, Pérou, Turc, etc. Le total de cette nomenclature de débiteurs devenus insolvables ou à peu près, s'élevait en octobre 1875 à plus de *cinq milliards.* Et depuis 1875 combien de milliards ne faudrait-il pas ajouter à cette liste? La situation s'est même tellement aggravée aujourd'hui que M. *Herbst,* ancien ministre d'Etat en Autriche, en faisait dernièrement dans les débats de l'*Adresse,* le thème d'un discours émouvant, dans lequel il prédisait aux Etats militaires d'Europe la *Banqueroute générale,* tandis que d'un autre côté il opposait à cette perspective peu rassurante le tableau florissant des Finances des Etats-Unis d'Amérique.

Bien que nous n'éprouvions pas les appréhensions d'une Banqueroute dans un pays comme la France qui, malgré ses changements de gouvernements, ses révolutions intérieures et ses guerres à l'étranger a toujours montré le plus grand respect pour acquitter les dettes plus ou moins légitimes que lui léguaient les gouvernements déchus, nous pensons que des mesures législatives restent à prendre pour sauvegarder cette Epargne Française qui constitue un des meilleurs éléments de la force nationale. Ces mesures législatives, quoiqu'on ait dit dans la séance du 23 janvier 1877, sur les difficultés pratiques de légiférer sur ce sujet, ne nous semblent pas difficiles à trouver, et six articles suffisent pour les formuler.

Selon nous, il y a d'abord un premier obstacle à faire tomber, c'est la fausse interprétation qu'on a donnée au principe du privilège d'*Exterritorialité des États* et qui a eu pour conséquence d'amener les Cours et Tribunaux de France à se déclarer *incompétents,* quand les réclamations des intéressés français étaient portées devant eux. D'après cette Jurisprudence consacrée par des arrêts de la Cour supérieure, la justice française n'aurait pas le droit de juger des États étrangers. Ce serait, a-t-on dit, porter atteinte au principe de la souveraineté et de l'indépendance des États. Mais on a critiqué à bon droit cette jurisprudence en se basant sur l'article 14 du Code Civil qui donne le droit aux juges français de se déclarer compétents, quand il s'agit d'apprécier des engagements souscrits envers des Français par des Étrangers, qu'ils soient des personnes privées, des Sociétés ou des Êtres collectifs. *Et dès lors,* comme le dit M. *Vavasseur* et comme le veut la logique, *pourquoi pas aussi les États?*

Mais il nous semble que si l'on avait envisagé de plus près le contrat d'Emprunt et les circonstances de fait qui l'environnent, on aurait dû arriver à une conclusion inverse. N'est-il pas en effet évident qu'en émettant son emprunt sur le marché, l'État emprunteur *entend renoncer tacitement* à son privilège d'Exterritorialité? S'il en était autrement, c'est que cet État aurait une arrière-pensée, celle de se dérober à la juridiction du *forum contractus.* Serait-ce donc pour cela, que les prospectus d'emprunts d'États étrangers, en général très prodigues de belles promesses, restent toujours muets sur le point important de la juridiction? A regarder les choses de ce point de vue, le gouvernement français, qui exerce une haute juridiction administrative sur tout ce qui concerne les étrangers en France, et qui a le contrôle supérieur de la Cote officielle, serait alors bien coupable de tolérer une réticence aussi abusive.

Or comme la fraude ne doit pas être supposée en droit au moment où les parties contractent, il faut plutôt admettre *a priori* que l'État emprunteur est de bonne foi et qu'il entend renoncer pour l'exécution de l'emprunt à son privilège d'exterritorialité, et par conséquent qu'il accepte toutes les conséquences de la juridiction du lieu du contrat. La raison déterminante de cette renonciation, c'est que l'Etat étranger qui emprunte sur un marché, accomplit en réalité *un acte de commerce* et non *un acte de souveraineté.*

Quand il fait une émission de titres avec appel à la sous-
cription publique, il est bien évident qu'il ne prend pas
une *mesure d'ordre et de police*. Si la jurisprudence avait
raisonné ainsi, en définissant bien distinctement l'acte
d'emprunt, elle serait arrivée logiquement à la *compétence*.

Compter aujourd'hui sur un changement prochain de
la jurisprudence pour faire cesser l'équivoque d'une interprétation juridique, serait peut-être se bercer d'illusions,
et continuer à laisser l'Épargne Française à la merci de tous
les Etats emprunteurs (1). L'intervention d'une nouvelle
loi est donc nécessaire, et l'expérience des faits conseille
d'obliger par cette loi l'Etat emprunteur à déclarer formellement au moment de l'émission, et même sous la
sanction d'une amende et de la responsabilité pour les
banquiers qui se font les courtiers de l'emprunt, que cet
Etat renonce à son privilège d'exterritorialité et se sou-
met à la juridiction et à la loi françaises avec toutes leurs
conséquences.

On voit immédiatement combien la situation va chan-
ger. Aujourd'hui le défaut de paiement des arrérages et
des termes de l'Emprunt est un des moindres soucis du
débiteur, parce que la justice française décline le mandat
judiciaire. Mais qu'elle devienne compétente, les créanciers qui ont à leur disposition l'arsenal de la procédure
civile, vont à l'aide de la *saisie foraine, la saisie arrêt, la
saisie exécution, la saisie conservatoire,* essayer de mettre

1. Cependant il n'y a pas lieu de désespérer de voir un jour s'opérer un
changement dans la Jurisprudence de la Cour suprême, si nous en jugeons
par les faits qui suivent :

« La Cour d'appel de Paris, par un arrêt du 8 novembre 1873, avait retenu
« la connaissance d'une action formée par le sieur Carbonel contre le vice-
« roi d'Egypte, mais au fond avait donné tort au demandeur. Le pourvoi formé
« par celui-ci, pour excès de pouvoirs et fausse application de l'article 14 du
« Code civil, a été admis le   par la Chambre des
« requêtes de la Cour de cassation sur le rapport de M. le conseiller
Demangeat. (V. Rec. Dalloz... Nous empruntons quelques passages du rapport
de l'honorable Conseiller, qui est resté fidèlement attaché à l'opinion qu'il

la main sur les objets de cet Etat qui peuvent transiter en France, tels que fournitures, armes, vaisseaux, valeurs argent, etc. On ne comprendrait même pas pourquoi ils n'auraient pas le droit de faire déclarer par les tribunaux, l'*Insolvabilité*, la *Faillite* ou la *Banqueroute*. La crainte même d'une telle déclaration, à elle seule, pourrait avoir des effets très salutaires. D'une part elle amènerait l'Etat à prendre des arrangements avec ses créanciers, d'autre part elle aurait l'avantage de faire connaître au public, dans la nombreuse liste des Etats emprunteurs, ceux qui paient et ceux qui ne paient pas. *La publicité* en ces matières, comme le proclamaient les honorables députés dans cette séance du 23 Janvier 1877, c'est ce qui importe. Il y a un point qui domine l'intérêt particulier d'un Etat, c'est l'*Intérêt général*. C'est ce que proclamait aussi la commission anglaise à la chambre des Communes en 1875. *The public wellfare before the private Interest.*

Il est aussi un autre genre de sanction très-efficace

avait si savamment développée en 1856 dans le Tome I, p. 385 de la *Revue pratique*. En provoquant sur cette intéressante question un arrêt d'admission, l'honorable rapporteur aura fourni au moins à la Chambre civile la possibilité de revenir sur sa jurisprudence de 1849 que nous avons qualifiée de, *destructive des intérêts nationaux*, dans l'étude citée au début de cet exposé.

« Nous n'hésiterions pas, dit le rapporteur, à vous proposer le rejet du
« pourvoi, si la question qu'il soulève, n'avait pas déjà été soumise à la Cour
« de cassation. Nous croyons, en effet, avec les auteurs qui ont écrit le plus
« récemment sur le droit international, et notamment avec notre savant col-
« lègue, M. Massé. (Le Droit commercial. 3ᵉ édit. T. I, nᵒ 685 quater.) que
« parmi les actes d'un gouvernement étranger, il y a une distinction à faire.
« Le gouvernement étranger, a-t-il agi comme gouvernement ; en vertu de sa
« souveraineté, a-t-il pris une mesure d'ordre et de police, évidemment il ne
« peut pas, à raison d'un pareil acte, être cité devant nos tribunaux ; c'est ce
« que la Cour de Paris a très-bien jugé par son arrêt du 23 août 1870. Au
« contraire le Gouvernement étranger, a-t-il pris des engagements envers un
« Français, en traitant avec lui comme particulier, par exemple ; pour des
« entreprises de travaux ou de fournitures ; on ne voit plus en quoi l'Indépen-
« dance de l'État s'oppose à ce qu'un juge français soit appelé à décider, par
« l'article 14 du Code civil, si le gouvernement étranger doit ou ne doit pas...
« ... *Mais il n'appartient qu'à votre Chambre civile de voir s'il ne serait*
« *pas convenable d'abandonner la doctrine de son arrêt de 1849.* »

dont on aurait tort de se priver dans les dispositions d'une loi nouvelle, c'est le bénéfice de la publicité spéciale que vient offrir la *Cote officielle*. Pourquoi admettre indistinctement à la Cote officielle les valeurs d'Etat qui paient, et celles des Etats qui ne paient pas ou qui ne paient plus ? Il y a un triage à faire parmi elles, et on l'impose au public sans prendre la peine de le renseigner. Qu'on établisse au moins deux catégories dans cette cote. Dans la première viendront se ranger les valeurs d'Etats étrangers qui ont satisfait à leurs échéances et dans la seconde on mettra celles qui n'auront pas rempli ces conditions. Existe-t-il des objections à ce classement qui n'est pas bien difficile à opérer ? Nous n'en connaissons pas. On nous objectera peut-être que la *Cote officielle* a déjà pourvu à la nécessité de renseigner le public, en indiquant à la suite de la valeur la *dernière jouissance payée*. Nous répondrons que cette indication est loin d'être suffisante, par cette raison qu'elle ne signale pas d'une façon assez précise que la valeur reste en souffrance. Ce défaut de précision laisse même trop de marge à la spéculation et au jeu pour attirer ses victimes. Le classement en deux catégories est préférable justement à cause de sa précision. N'aurait-il d'ailleurs que l'avantage de produire *un effet moral*, qu'il faudrait encore lui donner la préférence sur l'admission *en bloc* des valeurs bonnes ou mauvaises. Mais qui sera chargé d'opérer le classement sur la Cote officielle ? Le ministère des finances, auquel devrait échoir le soin de la rédaction et de l'impression de la *Cote officielle*, comme le ministère de l'Intérieur a dans ses attributions le soin de la rédaction et de l'impression du *Journal officiel*. Puisque les législateurs sont tous d'accord qu'il faut renseigner très exactement le public, on ne saurait faire un meilleur choix que de confier cette mission au ministère des Finances qui possède tous les moyens possibles d'information. Les agents de change eux-mêmes ne pourraient que voir d'un œil favorable cette nouvelle organisation qui les débarasserait de l'arbitraire des admissions et des radiations à la Cote officielle et du danger des responsabilités qu'elles ont souvent entraînées pour eux.

Enfin, pour compléter l'ensemble des garanties à exiger des Etats emprunteurs, ne pourrait-on pas exiger d'eux, comme semblait le suggérer la Commission anglaise, le dépôt en lieu sûr de cinq années d'arrérages pour être spécialement affectés au service de l'Emprunt dans le lieu de l'émission ?

Telles sont les garanties qui nous paraissent devoir exister dans un projet de loi à faire sur les Emprunts d'Etats étrangers ou de villes de l'Etranger qui seront émis en France.

Ces garanties nous dispenseront de procéder à cette longue enquête à faire sur les Emprunts d'États Étrangers dont l'intérêt serait aujourd'hui rétrospectif, car l'histoire en est consignée dans les journaux financiers. C'est une œuvre qu'il faut laisser aux publicistes, aux historiens et aux économistes.

Exiger, comme le conseillait la commission anglaise, que les États Étrangers emprunteurs et leurs banquiers au moment d'une émission insèrent dans les prospectus des états fidèles de leur situation financière, n'est pas une garantie efficace, parce que le public au moment d'une émission n'a pas toujours la possibilité de bien se rendre compte de tels états de situation, et surtout de les *contrôler*. Ce serait d'ailleurs ouvrir la porte à une infinité de procès fort difficiles à résoudre, sur la question de savoir si les prospectus ont décrit fidèlement la situation.

Selon nous, le classement par catégories d'*États qui paient et d'États qui ne paient pas* ou *qui ne paient plus*,

appuyé sur le dépôt par avance de cinq années d'intérêts
et de termes à écheoir, avec la possibilité d'avoir au moins
un juge au lieu de l'émission pour condamner le débiteur
en retard, nous paraît répondre d'une façon plus sûre à
toutes les exigences pratiques de la question.

Vouloir aller au delà de ces garanties, ce serait priver
le marché de notre pays, du bénéfice de ces opérations.
Il est bien clair aussi que l'on ne peut songer à faire du
Gouvernement Français le protecteur né des intérêts nationaux jusqu'à l'obliger à aller reprendre, à coups de
canons, l'argent prêté à des États Étrangers. Il est des
limites que la prudence et le bon sens, si l'on ne veut pas
tenir compte des principes encore non codifiés du Droit
international, empêchent de dépasser.

Quant aux emprunts antérieurs émis également sur le
Marché Français, comme la loi à intervenir ne peut avoir
d'effet rétroactif, nous croyons qu'il faudra s'accommoder
de ce qui existe, en souhaitant que la jurisprudence puisse
revenir sur ses décisions et déclarer les Tribunaux français compétents pour statuer sur les questions auxquelles
ces emprunts peuvent donner lieu de la part des Créanciers
Français.

Paris, 15 décembre 1879.

Cette étude était déjà imprimée et le bon à tirer prêt à donner, lorsque les journaux financiers sont venus annoncer dernièrement que le Conseil d'État avait été saisi d'un projet de Décret présidentiel concernant les valeurs étrangères et leur admission à la *Cote officielle*. Nous ne connaissons pas la teneur de ce projet de Décret que le Ministre des Finances n'a pas jugé à propos de publier au moins sous la forme d'une analyse sommaire. Le Décret paraîtra un jour à *l'Officiel* sans que l'opinion publique ait pu dire son mot. Nous voilà revenus au temps des *Décrets-Surprises* du dernier Empire. Il nous semble cependant que sous un gouvernement républicain et dans une question de cette importance on aurait dû s'abstenir de cette façon mystérieuse de procéder.

Toutefois les journaux financiers ont cru pressentir le sens de ce décret. D'après l'un de ces journaux, le *Crédit assureur* du 2 décembre 1879, le gouvernement songerait à se décharger de la lourde responsabilité que lui impose le décret du 22 mai 1858 et laisserait désormais entièrement au syndicat des agents de change la charge de l'examen des conditions préalables à remplir pour l'admission des valeurs étrangères à la *Cote officielle*. Si c'est là tout le bienfait de ce Décret, nous pouvons affirmer que l'opinion publique ne sera qu'à demi-satisfaite.

Oui, sans nul doute, le Gouvernement de la République est en droit d'effacer ce Décret Impérial du 22 mai 1858, qui peint bien son époque et qui a compromis trop souvent l'Administration des Finances en la mêlant au tripotage des admissions à la Cote officielle. (Voir les débats de l'affaire du Transcontinental Memphis el Paso and Pacific Rail Road, *Gazette des Tribunaux*, des 1er août 1875, 5 et 12 décembre 1877). Il est temps en effet d'abroger ce décret qui semble faire du Gouvernement Français l'éditeur responsable des émissions de valeurs étrangères à la Bourse de Paris et les couvrir d'une sorte de patronage officiel.

Nous approuvons donc la pensée qui a dicté ce projet de Décret, mais il ne faut pas laisser dire que le Gouvernement n'a songé qu'à lui-même en cette circonstance, oubliant ainsi les intérêts de ceux dans la poche desquels ne cessent de puiser depuis si longtemps les manieurs de Fonds étrangers. Car l'abrogation pure et simple de ce Décret de 1858, aura pour résultat bien clair, non seulement de décharger à l'avenir le Gouvernement de toute responsabilité laquelle va peser tout entière sur le syndicat des agents de change, mais encore de laisser le Gouvernement récolter sans aucun risque ses droits de timbre et de taxe proportionelle sur les valeurs étrangères, sans se préoccuper des victimes qu'elles peuvent faire sur notre marché. L'oubli des intérêts nationaux dans cette question, serait plus que de l'égoïsme, ce serait une faute politique.

Nous concevons donc très bien que le Gouvernement se dégage d'une fausse situation dans laquelle sa dignité et son autorité peuvent avoir à souffrir, mais nous ne comprenons plus qu'il n'aide pas le public à reconquérir une parité de droits entre Prêteurs et Emprunteurs. Une ordonnance royale du 12 novembre 1823 a permis d'admettre à la Cote officielle les *Effets publics des Emprunts des Gouvernements étrangers*, il est du devoir d'un gouvernement républicain qui se préoccupe des intérêts nationaux, de règlementer cette admission dans de telles conditions que l'équilibre soit rétabli entre les droits respectifs des deux parties.

En présentant un projet de loi dans le sens que nous avons exposé plus haut, en proposant même un second projet de Décret pour réglementer par catégories les valeurs étrangères, le Gouvernement ne ferait que déférer aux vœux exprimés par la Chambre des députés en 1877 et donnerait une sanction aux idées suggérées par la Commission du Parlement anglais en 1875. Car ce ne sont pas ici des mesures restrictives de la liberté et des droits des parties que nous sollicitons, ce sont des mesures protectrices de la liberté et des droits de chacun basées sur l'égalité et sur une publicité mieux entendue.

PROJET DE LOI

Art. 1er. — Tout État étranger ou toute ville d'un pays étranger qui feront une émission d'emprunt sur un marché français, seront tenus, au moment même de cette émission, de déclarer *formellement* dans les prospectus, annonces et autres moyens de publicité employés pour cette émission, qu'ils renoncent au privilège d'exterritorialité et qu'ils se soumettent à toutes les conséquences des lois et de la juridiction françaises.

Une insertion de cette renonciation sera faite en outre dans le *Journal officiel* et le numéro de ce journal sera déposé au greffe du Tribunal Civil de la Seine, pour que les tiers puissent s'en faire délivrer des extraits.

L'infraction à l'une ou l'autre de ces deux dispositions entraîne contre le banquier ou l'intermédiaire de l'emprunt, une amende de 1,000 francs sans préjudice des dommages intérêts que peuvent réclamer les tiers.

Art. 2ᵉ. — L'Etat ou la ville qui empruntent, doivent déposer en France à la Caisse des Consignations, cinq années par avance des intérêts et des termes à écheoir, lesquels sont employés en rentes sur l'Etat français pour le service des dits termes et intérêts. Le dépôt de cinq années doit être à chaque période de cinq années, renouvelé dans le courant du premier semestre de la cinquième année.

A défaut de renouvellement, la valeur est rayée de la cote officielle comme il est dit à l'article 3 § 3.

Art. 3ᵉ. — A partir du. . . . . . . la rédaction, l'impression de la Cote officielle passent entre les mains de l'administration du Ministère des finances qui devient chargé de faire le classement des emprunts d'Etats ou de villes de l'étranger en deux catégories.

Dans la première sont rangées toutes les valeurs d'Etats ou de villes qui ont satisfait à leurs échéances ainsi qu'aux conditions de l'article 2.

Dans la seconde sont classées par lettres alphabétiques, toutes autres valeurs qui ne remplissent pas ces conditions.

Art. 4. — Les tribunaux Civils français sont exclusivement compétents pour juger les questions de validité des emprunts émis sur le Marché Français, les contestations auxquelles ils peuvent donner lieu en France, ainsi que toutes les conséquences d'exécution qu'ils peuvent y occasioner.

Atr. 5. — Il n'est en rien dérogé aux droits de

timbre et de taxe proportionnelle établis par les lois et règlements antérieurs.

ART. 6. — *Transitoire*. Il est accordé à l'État ou à la ville d'un pays étranger qui auront émis antérieurement à la présente loi, un ou des emprunts sur le Marché Français, un délai de deux années... à compter de la publication de la présente loi, pour accomplir les conditions qui y sont prévues.

Paris. — J. Mersch, imp., 8, rue Campagne-Première-4-1199

www.ingramcontent.com/pod-product-compliance
Lightning Source LLC
Chambersburg PA
CBHW061833060726
47597CB00008B/3480